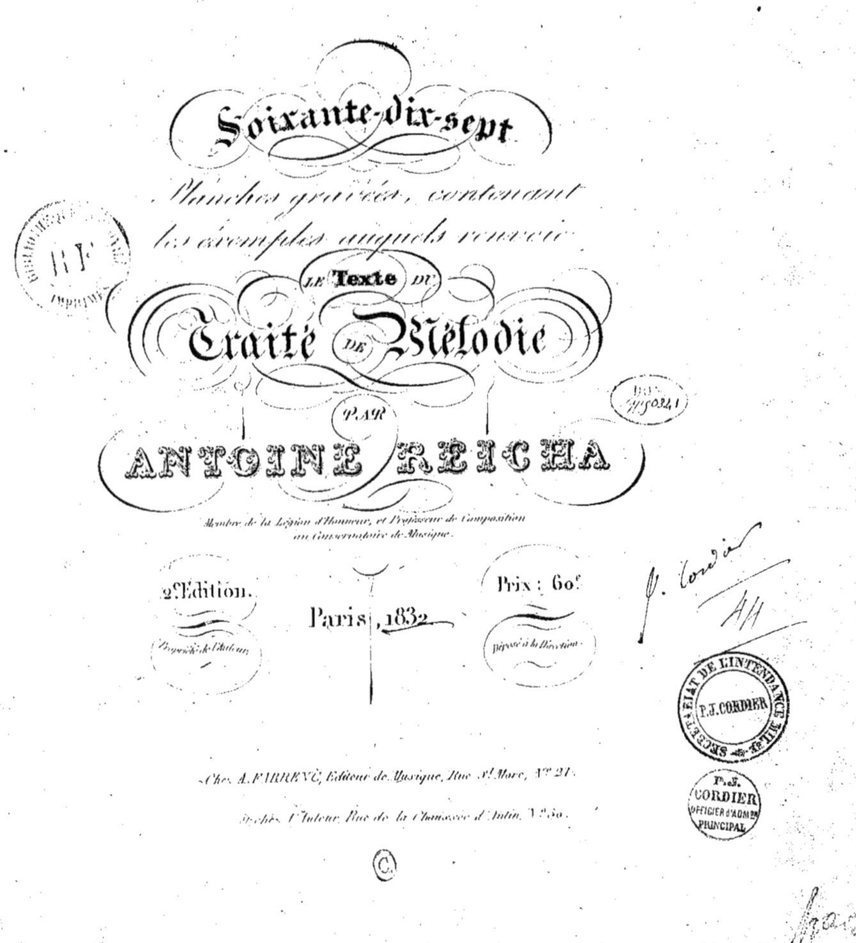

Soixante-dix-sept
Planches gravées, contenant
les exemples auxquels renvoie
LE Texte DU
Traité DE Mélodie
PAR
ANTOINE REICHA
Membre de la Légion d'honneur, et Professeur de composition
au Conservatoire de Musique.
2e Edition.
Prix : 60f.
Paris, 1832
Chez A. FARRENC, Editeur de Musique, Rue St Marc, No 21.
et chez l'Auteur, Rue de la Chaussée d'Antin, No 30.

CATALOGUE DES OUVRAGES DE MUSIQUE

Composés par A. REICHA.

Ces ouvrages, dont l'auteur s'est réservé la propriété, se trouvent chez lui,
à Paris N.º 50 rue du Mont-blanc et chez tous les marchands de musique de la Capitale

OUVRAGES THÉORIQUES.

Traité de Mélodie, abstraction faite de ses rapports avec l'harmonie; suivi d'un supplément sur l'art d'accompagner la Mélodie par l'harmonie, lorsque la première est prédominante. 18.^f

Traité de Haute-Composition Musicale, faisant suite au cours d'harmonie pratique et au traité de Mélodie du même auteur. Deux volumes, Savoir:

PREMIER VOLUME.

1.er liv: Des tons d'Église, du Style rigoureux, des doubles chœurs, de l'harmonie dans le style moderne qui exige 2 basses simultanées différentes; Nouvelle théorie sur la résolution des accords dissonnans; etc.

2.e liv: De tous les Contre-points, et de la manière de les employer...

3.e liv: Des Imitations et des Canons de toute espèce............ 48.^f

DEUXIÈME VOLUME.

4.e liv: De tous les genres de Fugues tant anciennes que modernes.

5.e liv: Des différentes manières d'accompagner la Fugue Vocale par l'Orchestre; de la Fugue instrumentale; de la manière de mettre les paroles sous une Fugue; de la Fugue phrasée, etc.

6.e liv: Des idées musicales; de la faculté de les créer; de l'exposition des idées; de leur développement; des coupes ou cadres des morceaux le plus avantageux à ce développement; de l'introduction; du prélude, et enfin de divers objets qui n'avaient pas encore été découverts, ou introduits dans l'art musical. 48.^f

Chaque volume se vend aussi séparément.

Nouveau Traité; *Art du Compositeur Dramatique*, contenant tout ce qu'un compositeur de musique vocale doit savoir...................... 48.^f

MUSIQUE POUR INSTRUMENS A VENT.

Op. 100. Six Quintettis pour Flute, Hautbois, Clarinette, Cor et Basson.

N.º 1. en FA Majeur.......................... 9.^f

N.º 2. en RÉ Mineur.......................... 9.

N.º 3. en MI♭ Majeur.......................... 9.

N.º 4. en MI♮ Mineur.......................... 9.

N.º 5. en LA Mineur.......................... 9.

N.º 6. en SI♭ Majeur.......................... 9.

Op. 107. Quintetto pour Hautbois principal, deux Violons, Alto et Violoncelle............................. 9.

La partie de Hautbois, arrangée par l'Auteur, pour la Clarinette en SI♭............................. 3. 75.^c

Op. 108. Grand Quintetto pour Cor principal, deux violons, Alto, Violoncelle, et Contre-Basse ad libitum.............. 9.

MUSIQUE POUR PIANO.

Op. 101. Six Grands Trios concertans pour Piano, Violon et Violoncelle.

N.º 1. en MI♭ Majeur.................... 9.^f

N.º 2. en RÉ Mineur.................... 9.

N.º 3. en UT Majeur.................... 9.

N.º 4. en FA Majeur.................... 9.

N.º 5. en RÉ Majeur.................... 9.

N.º 6. en LA Majeur.................... 9.

Etudes de Piano, ou 57 Variations sur un Thème, suivi d'un Rondeau.................... 9.

Duo concertant pour Piano et Flute.................... 9.

Quatuor pour Piano, Flute, Violoncelle et Basson.................... 12.

Ouverture de l'Opéra de NATALIE pour Piano à quatre mains.................... 5.

Idem de l'Opéra de SAPHO pour Piano avec Violon obligé. 5.

MUSIQUE VOCALE.

Airs de l'Opéra de NATALIE avec accompagnement de Piano, ou de Harpe, par l'Auteur.

Des jours de ma vieillesse etc. Air............. 1.^f 50.^c

Non ce n'est pas en vain etc. Air............. 3.

Ô toi qui vois l'excès etc. Air............. 3.

Airs, Duos, Chœurs, etc. de l'Opéra de SAPHO avec accompagnement de Piano, ou de Harpe, par l'Auteur.

N.º 1. *Quelle est mon erreur* etc. Scène et Cavatine.... 4.^f 50.^c

N.º 2. *C'est trop longtems* etc. Air.................. 2. 50.

N.º 3. *Ah! si j'étais trahi* etc. Duo.................. 4. 50.

N.º 4. *Dieu d'amour* etc. Trio.................. 1. 50.

N.º 5. *Pour un ingrat* etc. Romance.................. 1. 50.

N.º 6. *Ah! reviens cher amant* etc. Air.................. 3.

N.º 7. *Qu'un lien de fleurs* etc. Sicilienne.................. 1. 50.

N.º 8. *Ô puissante Junon* etc. Marche religieuse, Invocation et Chœur.................. 1. 50.

N.º 9. *Ah! du seul bonheur* etc. Air.................. 1. 50.

N.º 10. *Heureuse près de toi* etc. Duo.................. 5.

N.º 11. *Zéphir seul agite* etc. Barcarole, pour trois voix d'hommes ou de femme.................. 1. 50.

N.º 12. *A nos concerts* etc. Chœur Céleste.................. 1. 50.

Chœur sur le chant populaire: Do-Do l'enfant do, etc. 3. 75.

Première planche de l'introduction.

Mélodie dans un ton majeur.

Mélodie dans un ton mineur.

Deuxième planche de l'introduction.

Planches du Texte.
N.B. Tous les exemples qui ne portent pas de nom sont de l'auteur.
1re division.   2me division.   3eme division.   4eme division.
A.
B.
&c.
HAYDN.
C.
Andante.
D.   Dessin mélodique.
(N°1.)   Rhytme mélodique entier.   Notes finales des cadces mélodiques
E.   (N°2.) En Ut majeur.
1er point   2e point de repos   Cadence parfaite.   ½ cad.
de repos.   plus fort.
En La mineur.
½ cad.   ½ cad.   ½ cad.   cad. parf.   ½ cad.   ½ cad.   ½ cad.   ½ cad.
F.   1er rhytme.   2e rhytme.
½ cad.   ½ cad.
G.   1er rhytme.   2d rhytme.
½ cad.   ½ cad.
3me rhytme.
½ cad.
H.   1er rhytme.   2d rhytme.
½ cad   ½ cad.
3me rhytme.   4me rhytme.
½ cad.   caden. parf.

Période de 3 membres ou de 3 rhytmes.

Membre de 2 dessins.
1.er dessin.
2.d dessin.
P.
1/4 de cad.
1/2 cad.
Membre de 4 dessins.
1.er dessin.
2.d dessin.
3.me dessin.
4.me dessin.
Q.
1/4 de cad.
1/4 de cad.
1/4 de cad.
1/2 cad.
Membre de 3 dessins, et rhytme de 8 mesures.
1.er dessin.
2.d dessin.
3.me dessin.
R.
1/4 de cad.
1/4 de cad.
1/2 cad.
(N.º 1)
(N.º 2)
Un membre, un dessin et un rhytme.
S.
Membre de deux dessins.
1.er dessin.
2.d dessin.
T.
1.re Période, consistant en un seul membre.
Rhytme de 6 mesures, sans son compagnon.
U.
cad. parf.
2.de Période.
1.er membre, Rhytme de 5 mesures.
2.d membre. Même rhytme.
1/2 cad.
cad. parf.
1.re Période, d'un seul membre.
Rhytme de 6 mesures.
V.
1/4 de cad.
1/4 de cad.
cad. parf.
2.de Période, composée de même d'un seul membre. Rhytme de 8 mesures.
1.re partie du rhytme.
2.de partie du rhytme.
1/4 de cad.
1/4 de cad.
1/4 de cad.
cad. parf.

1re partie du rhytme.
2de partie.
3me partie.
X.
1re partie du rhytme.
2de partie.
3me partie.
Y.
HAENDEL.
1re Période, d'un seul membre et d'un seul rhytme.
1re partie du rhytme.
sa 2de partie.
Z.
Andante.
1/4 de cad:
cadence parfaite.
2de Période, composée de deux membre.
Rhytme de 2 mesures.
son compagnon.
1/2 cad:
cad: parf.
A 2.
Allegretto.
B 2.
Rhytme de 4 mesures.
1re partie du rhytme.
sa 2de partie.
C 2.
1/4 de cad:
D 2.
Rhytme de 4 mesures.
1er membre.
son compagnon,
2d membre.
E 2.
1/4 de cad:
1/2 cad:
1/4 de cad:
cad: parf.
Période régulière.

GLUCK.
(N.º 1.)
1.re Période.
1.er membre,
rhytme de 4 mesures.
2.e membre,
compagnon du rhytme précédent.
F. 2
1.er membre.
2.d membre.
2.e Période.
(N.º 2.)
(N.º 3.)
PAESIELLO.
(N.º 1.)
Période.
1.er membre.
2.d membre.
G. 2
PAESIELLO.
(N.º 2.)
Période.
1.er membre.
2.d membre.
(N.º 3.)
(N.º 4.)
MOZART.
(N.º 1.)
Période.
1.er membre.
2.d membre.
H. 2
N.º 2)
2.d Membre de la Période précédente, avec un coda.
Rhytme entier de 4 mesures.
½ rhytme.
(N.º 3.)
Même membre, prolongé d'une mauvaise manière, ce qui
donne un faut Rhytme de 6 mesures.
MOZART.
(N.º 1.)
Période de 2 membres, avec un coda.
1.er membre.
2.d membre.
J. 2
½ cad.
cad.
interromp
½ rhytme.
(N.º 2.)
Coda.
8.eme mesure de
l'exemple précédent.

(*) Comme dans cet ouvrage on a trouvé bon de ne point faire de différence entre une cadence rompue et une cad: interrompue, on peut prendre l'une de ces expressions pour l'autre.

Table, contenant les ½ Cadences mélodiques dans la gamme d'ut.
rhytme de 4 mesures.

8
1.er Rhytme de 4 mesures.
2.d Rhytme de 4 mesures
P 2.
mesure finale du
1.er rhytme et ini-
tiale du 2.d
2.e Rhytme de 4 mesures.
Q 2.
1.er Rhytme de 4 mesures.
Lento.
1/2 cad.
1/2 cad.
1.er Rhytme de 4 mesures.
2.d Rhytme de 4 mes.
3.me Rhytme de 4 mesures.
R 2.
Allegro.
cad.
interrom.
cad.
interrom.
cad. parf.
(N.o 1.)
1.re Période.
S 2.
Allegro.
2.de Période.
(N.o 2.)
Complément.
mesure finale de la
1.re période et ini-
tiale de la 2.de
Période de 2 membres.
Rhytme de 4 mesures.
Rhytme de 4 mesures.
T 2.
Echo.
Echo.
Même Période sans l'écho.
U 2.
1/2 cad.
cad. parf.
Période de 2 membres.
Rhytme de 2 mesures.
son compagnon.
V 2.
Adagio.
1/2 cad.
cad. parf.
Rhytme de 6 mesures.
(N.o 1.)
1.re partie du rhytme.
2.de partie du rhytme.
Rhytme de 4 mesures.
X 2.
Andante.
1/4 de cad.
1/2 cad.
1/2 cad.

Rhytme de 6 mesures.
(N° 2.)
1re partie du rhytme.
2de partie du rhytme.
Allegretto.
1/4 de cad:
1/2 cad:
Autre rhytme de 6 mesures, divisible de 2 mesures en 2 mesures.
1re division
2de division
3me division.
1/2 cad:
HAYDN.
(N. 3.)
Rhytme et Période de 6 mesures.
1re partie.
2de partie.
Allegro.
HAYDN.
(N. 4.)
Rhytme de 6 mesures.
le même.
1re partie.
2me partie.
1re partie.
2de partie.
Allegro.
1/2 cad:
1/2 cad:
Rhytme de 8 mesures.
(N. 1.)
1re partie.
2de partie.
3me partie.
4me partie.
Y 2
Allegro.
1/2 cad:
MOZART.
(N. 2.)
Rhytme et Période de 8 mesures.
1re partie.
2de partie.
3me partie.
4me partie.
Allegro.
(N. 3.)
Rhytme et Période de 8 mesures.
1re partie.
2de partie.
Allegretto.
(N. 4.)
Rhytme et Période de 8 mesures.
1re partie.
2de partie.
Allegretto.
1/4 de cad:
cad. parf:
(N. 1.)
Rhytme de 5 mesures.
son compagnon.
Z 2
Allegro.
1/2 cad:
1/2 cad:
(2de partie de l'air: Charmante Gabrielle.)
(N. 2.)
Rhytme de 5 mesures.
son compagnon.

10

HAYDN.
(N.° 3)
Rhytme de 5 mesures.
cad: parf:
MOZART.
(N.° 4)
Rhytme de 5 mesures.
cad:
Période de 6 mesures.
Rhytme de 3 mesures.
son compagnon.
A 3
Adagio.
cad:
cad: parf:
(N.° 1.)
Air Russe 1.re Rhytme de 3 mes
2.d idem.
3.me idem.
4.me idem.
B 3
Fort gai.
PAESIELLO.
(N.° 2.)
Rhytme de 8 mesures, mais qui a l'apparence de n'en avoir que 7.
Allegro assai.
son compagnon.
mesure supposée.
(N.° 3.)
Rhytme de 4 mesures.
Allegro moderato.
son compagnon.
mesure supposée.
PICCINI.
(N.° 4.)
Rhytme de 7 mesures.
Lento
cadence:
Je veux si tel est mon malheur, d'un in_jus_te re_proche au moins sauver ma cendre.

Période avec un Point d'orgue sur la pénultième et l'antépénultième.

C³ 3

F³ 3

G³ 3

Période de 4 membre.
(N.º 3.)
1.er membre.
2.d membre.
½ cad:
½ cad:
3.me membre.
4.me membre.
½ cad:
cad: parf:
Période de 5 membre.
(N.º 4.)
1.er membre.
2.d membre.
3.me membre.
½ cad:
½ cad:
½ cad:
4.me membre.
5.me membre.
½ cad:
cad: parf:
Période de 6 membre.
(N.º 5.)
1.er membre.
2.d membre.
½ cad:
½ cad:
3.me membre.
4.me membre.
½ cad:
½ cad:
5.me membre.
6.me membre.
cad: inter:
cad: parf:
Période de 7 membre.
(N.º 6.)
1.er membre.
2.d membre.
½ cad:
½ cad:
3.me membre.
4.me membre.
½ cad:
½ cad:
5.me membre.
6.me membre.
cad: inter:
7.me membre.
cad: inter:
cad: parf:

Période de 4 membres.

J.J. ROUSSEAU.
Air de 3 notes.

GLUCK. Période de 2 reprises et de 4 membres.
Air de ballet.

SACCHINI. (N°1.) Air d'une seule période.
Affettuoso.

14

(N.º 2.) 15.me et 16.me mesure.
(N.º 3.) Ut majeur.
1.re cad: fin du membre.
Sol majeur.
(N.º 1.) (N.º 2.)
N 3
modulation passagère
d'Ut maj: en Fa majeur.
modulation passagère
d'Ut maj: en Ré mineur.
(N.º 3.)
modulation passagère
d'Ut maj: en La mineur.
(N.º 1.)
DELLA MARIA.
Andante. Rhytme de 4 mesures. 1.re Période.
Rhytme de 4 mesures.
O 3
ritournelle.
Lorsque dans une tour obs.
son compagnon.
.. cure ce jeune hôme est dans la douleur, mon cœur guidé par la nature doit compa.tir à son mal.heur.
2.de Période.
Rhytme de 4 mesures.
ritournelle.
2.e cad:
si j'entends sa plainte tou chante je deviens triste tout le .jour;
le même. Coda.
cad:inter:
ma.man ne soit pas mécon.tente, la pi . tié n'est pas de l'a.mour, la pi . tié n'est pas de l'à.
cad:part: ritournelle.
. mour.

Tableau qui indique par des pauses, les commencements et les fins du rhytme,
lorsque le chant commence dans la seconde moitié des mesures suivantes.

(Nº 2.)

HAYDN.
1re Période.
Rhytme de 4 mesures.
son compagnon.
R.
Andante.
½ cad:
¾ de cad:
2de Période.
Rhytme de 6 mesures, divisible en 3 parties égales.
1re partie du rhytme.
2de partie.
3me partie.
½ cad:
Rhytme de 4 mesures.
le même.
½ cad:
cad: parf:
GLUCK.
1re Période.
Rhytme de 4 mesures.
le même.
S.
Moderato.
½ cad:
½ cad:
le même.
le même.
½ cad:
¾ de cad:
2de Période.
Rhytme de 4 mesures.
le même.
½ cad:
½ cad:
Rhytme de 8 mesures.
Rhytme de 4 mesures.
½ cad:
cad: parf:
HAYDN.
1re Période.
Rhytme de 4 mesures.
son compagnon.
T.
1re Mélodie.
½ cad:
¾ de cad:
2de Période.
Rhytme de 8 mesures.
½ cad:
Rhytme de 10 mesures.
cad: parf:
1re Période.
Rhytme de 4 mesures.
son compagnon.
majeur.
½ cad:
¾ de cad:
2de Mélodie.

2.me Période.
Rhytme de 8 mesures
1/2 cadence prolongée par rapport au rhytme.
complément de la mesure.
Rhytme de 4 mesures.
son compagnon.
1/2 cad:
cad: parf:
1.re Mélodie. &
PAESIELLO.
1.re Période.
Rhytme de 4 mesures.
le même.
U 3
Andante.
1/2 cad:
1/2 cad:
saper bra _ mate bella il mio nome ecco as.col _ tate ecco as.col _ _ tate
le même.
2.de Période.
Rhytme de
cad: parf:
ritournelle.
ecco ascol _ ta _ te ve _ _ lo di _ _ _ ro.
ecco as _ col _
4 mesures.
le même.
1/2 cad:
cad: parf:
_ _ tate bella il mio nome ecco as.col.ta.te ve _ lo di _ _ ro.
1.re Période.
V 3
1/2 cad:
Io son Lin.doro, di basso state ne alcun te _ so.ro, ne alcun te _
2.de Période.
1/2 cad:
ritournelle.
_ soro, ne alcun te _ so _ ro dar.vi po _ tro. io son Lin
1/2 cad:
cad: parf:
_ doro, di bas.so state ne alcun te _ so.ro dar.vi po _ tro.
PAESIELLO.
les paroles parodiées p.
Framery.
Rhytme de 5 mesures.
X 3
Andante.
1/2 cad:
plaire au cœur de ce que j'aime, de ce que j'aime, était mon plus doux es _ poir,
Répétition du même rhytme.
1/2 cad:
mais ce cœur c'est à lui même, c'est à lui même que je le vou.lais de _ _ voir;

Rhytme de 2 mesures.
le même.
sil se rend à ma puis _ sance il me peut trahir un jour;
Rhytme de 2 mes:
le même.
Rhytme de 4
ah! je tremble plus j'y pense sil de _ vine ma nais _
mesures.
Rhytme de 2
cad: interr:
_ san _ ce il n'au _ _ ra jamais d'a _ _ mour, non non non non non non ja _
mesures.
le même.
cad: parf:
_ mais ja _ mais d'a _ _ mour, non non non non non non ja _ mais ja _ mais d'a _ _ mour.
2.ᵉ Période.
Rhytme de 5. mesures.
cad:
plaire au cœur de ce que j'aime de ce que j'aime était mon plus doux es _ poir,
le même.
cad:
mais ce cœur c'est à lui même c'est à lui même que je le vou _ lais de _ _ voir,
Rhyt: de 2 mes:
le même.
Rhytme de 4
cad:
quil s'em _ brâse de ma flâmme, que je puisse dans son
Période ajoutée.
mesures.
la fin de la période.
Rhytme de 3 mesures.
cad: parf:
â _ _ me malgré lui graver mes traits, je l'en _ chaî _ ne je l'en _ chaîne pour jû _
même Période répétée.
le même.
Rhytme
cad: inter:
_ mais dans son â _ _ me si je puis gra _ ver mes traits; oui je l'en _
de 2 mesures.
le même.
cad: inter:
cad: parf: ritournelle finale.
_ chaî _ ne pour ja _ _ mais, oui je l'en _ chaî _ ne pour ja _ _ mais.

Grétry
1re Période.
Rhytme de 4 mesures.
son compagnon.
Y.3
Larghetto.
1/2 cad:
La de cad:
2e Période
Rhytme de 2 mes:
le même.
Rhytme de 4 mesures.
1/2 cad:
1/2 cad:
Cad: parf:
Z.3
(No.1.)
(No.2.)
(No.3.)
grad: sur la
dominante
de La min:
idem.
il mi.
(\ +.) fin de la
période.
1/4 de
1/4 de
1/4 de
commencement du motif
conduit.
ton.
ton.
ton.
ou de la 3me période.
Sarti.
Rhytme de 8 mesures.
A.+
ritournelle.
Lento.
1re Période.
compl.m:
Lungi da te ben mi.o
complém:
complém:
se vi.ver non poss' i.o,
lungi da te ben mi.o
luce degl'oc.chi
complém:
complém:
mie..i
vi..ta
vi.ta di ques..to
cor.
2e Période
son
Rhytme de 4 mesures.
1/2 cad:
venga e un dol..ce sonno
se te mi.rar non posso
mi chiu.da, mi
compagnon.
ritournelle et conduit.
cad: parf:
chiu.da i
tu mi an..cor.
ah

L'harmonie qui accompagne la 1.re et la 3.me période de cet air étant comme il suit:

il est évident qu'il n'y a point de 1/2 cadence ni dans la 2.me et 7.me mesure ni dans la 6.me et 8.me et que par conséquent la 1.re période n'a qu'un seul rhytme; car sans une 1/2 cadence au moins, la fin du rhytme ne peut être sensible.

Rhytme de 6 mesures.
jai vu sé.le.ver contre moi, les dieux, ma pa..trie et mon
Ritournelle et conduit mesure pour rentrer dans le ton primitif.
pé . . . re.
o toi &c
DALLEYRAC Rhytme de 4 mesures.
1re période.
C+
Allegretto ritournelle.
Aus.si.tôt
Rhytme de 4 mesures.
son
que je t'a.per.çois mon cœur bat et sa.gi..te, et si j'ac.cours auprès de toi, il bat en.
compagnon.
Rhytme de 4 mesures.
cor plus vi..te, à tout mo.ment, et malgré moi, je brûle et ne sais pas pour.quoi,
son compagnon.
complém.
Rhytme de 4 mesures.
je brû.le, je brûle et ne sais pas pourquoi.
de m'éclai.rer sur ce mys.tè..re
le même.
Rhytme de 12 mesures.
je pourrais bien pri.er ton pé..re; mais si tu vou.lais, oh! si tu vou.lais, oh!
si tu voulais tiens je crois j'en apprendrais plus avec toi, j'en ap.pren.drais plus a.vec
complém. 3me Période.
toi. mais si tu vou.lais, oh! si tu vou.lais, oh! si tu voulais tiens je crois j'en
ritournelle
apprendrais plus avec toi, j'en ap.prendrais plus a.vec toi.

(*) Cette ½ cadence est sensible malgré la continuation des triolets, qui ne font que la prolonger; il faut s'imaginer cette ½ cad: comme étant écrite de la sorte: cette même remarque est en même temps applicable a la ½ cad: dans la 30ème mesure de la 2de partie de ce morceau.

de 4 mesures.
Rhytme de 2 mes:
le même.
½ cad:
En Ut ♯ min:
½ cad: harmonique. En Si
½ cad: harm:
le même.
½ cad: harm:
En Mi.
Rhytme de 4 mes:
Rhytme de 6 mes:
½ cad: interromp par l'harmonie.
½ cad:
En La.
En Fa ♯ min:
retour en Mi.
Rhytme de 4 mes:
½ cad:
½ cad: sur la dominante de Mi.
mesure supposée.
mesure supposée.
le même.
mesure supposée.
Rhytme
½ cad:
de 8 mesures
cad: parf: prolongée.
MOZART.
1re Partie de 2 Périodes.
Rhytme de 4 mesures.
E 4
All: vivace.
½ cad:
Non so più cosa son, cosa faccio, or di foco ora sono di ghiaccio ogni
le même.
Rhytme de
don na cangiar di co lo re, ogni don na mi fa palpi tar, ogni donna mi
3 mesures.
le même.
cad: parf:
Rhytme
½ cad:
complément.
en Si ♭
fa pal pi tar, ogni don na mi fa pal pi tar. solo ai
de 6 mesures divisible en 2 parties égales.
½ cad:
nomi d'a mor di di letto mi si tur ba mi s'altera il petto

(⋆) Pour se convaincre que ce rhytme (dans un mouvement de mesure aussi vîte) n'est point de 7 mesures mais de 8, il faut s'imaginer qu'il est écrit de la manière suivante.

ce qui prouve qu'il faut compter dans la phrase de Mozart, à la fin, deux mesures au lieu d'une, par rapport au rhytme: par exemple.

(*) Ce rhytme est de 6 et non de 5 mesures à cause des points d'orgues dans la 3ᵉᵐᵉ mesure, laquelle il faut compter ici pour deux: par exemple.

Dans la période suivante de Grétry, il faut de même compter la mesure finale (qui a un point d'orgue) pour deux mesures que le rhytme exige, et que tout le monde sent.

Comme la dernière note du 1ᵉʳ rhytme (le RÉ.) a ici une valeur de cinq noires, il faut que la dernière note du 2ᵉ rhytme ait la même valeur, sans quoi ce dernier serait boiteux et ne pourrait servir de compagnon au premier.

F 4.
CIMAROSA.
1re Partie.
Andante.
Rhytme de 8 mesures.
Pria che spunti in ciel l'au_rora in ciel l'au_ro_ra cheti
cheti a lento passo cheti cheti a lento passo a lento passo,
cad: parf:
Rhytme de 2 mesures.
le même.
cad: par rapport à l'harmonie.
cad:
scende_re_mo fin ab_basso che nessun ci senti_rà,
le même.
le même.
cad:
cad: parf:
che nessun ci senti_rà, scenderemo scenderemo che nessun ci senti_rà. sorti
Rhytme de 3 mesures.
cad:
_re_mo pian pia_ni_no per la por_ta di giar_di_no,
le même.
cad:
tutta pronta u_na car_rozza là da noi si trove_rà, là da noi si tro_ve_
Rhytme de 5 mes:
_rà, chiu_sin quella il ve_to_rino per schi_var qual un que in
cad: parf:
Rhytme
toppo per schi_var, qual un que in top_po. i ca_vel_li di ga_lop_po senza
de 6 mesures divisible en 3 parties égales.
cad: parf:
possa caccie_rà, sen_za pos_sa cac_cie_rà

Rhytme de 2 mesures
le même
3
da una vecchia mia pa_rente
buona donna as_sai pie_
le même
cad:
cad:
_to_sa c'en' an_dremo ca__ra spo__sa, e stare_mo che_ti là ca__ra
Rhytme de 4 mes:
cad: interr:
sposa, ca__ra sposa e__sta_re__mo che_ti là, e_stare_
Rhytme de 2 mes:
même rhytme.
mesure supposée
même
mesure supposée.
cad: interr:
cad: interr:
_mo cheti là, e_sta_re_mo che_ti là, e_sta_re_mo che ti
rhytme
même rhytme.
2e. Partie.
Rhytme de 4 mes:
mesure supposée.
cad: parf:
cad: interr:
cad: parf:
All: vivace.
come
là, e_staremo che_ti là
le même.
le même.
mes: supp:
cad: parf:
cad: parf:
sposa
poi s'avrà dà fare pense_remo a mente chete,
le même.
Rhytme
de
cad: parf:
sara stà pur lieta che l'a_mor ci assiste__rà
spo_sa ca_ra
10 mesures divisible en 5 parties égales.
stà pur lieta stà pur lieta che la_mo_re che la__mor ci as_si__ste_
mesure suppo:
Rhytme de 4 mes:
Rhytme de 4 mes:
cad:
cad:
_rà, ci assiste_rà, ci assiste_rà.
pria che

spunti in ciel l'au-rora, pria che spunti in ciel l'au-rora,
sorti-remo pian pia-nino per la porta del giar-dino cheti cheti a lento
passo scende-remo fin ab-basso che nes-sun ci sen-ti-rà, che nes-sun ci senti-
rà, pronta pronta la car-rozza là da noi si tro-ve-rà, là da noi si trove-
rà, scen-de-re-mo sor-ti-re-mo
sor-ti-remo piano piano a passo lento che nes-sun ci senti-rà,
spo-sa ca-ra sta pur lie-ta che l'a-mor ci as-si-ste-rà,
sortiremo pian pia-ni-no per la porta del giar-di-no
pian pianino pian pia-nino, pronta pronta la car-rozza là da noi si trove-rà.
Rhytme
le même.
de 14 mesures.
mesure suppos:
Rhytme de 8 mes:
Rhytme de 10 mes:
Rhytme de 8 mes:
Rhytme de 10 mes:
½ cad:
cad: parf:

Rhytme de 8 mesures.
spo...sa ca_ra sta por lie_ta che la_mor c'as_si_ste.
mesure supposée.
Rhytme de 8 mes:
cad: interr:
cad: interr:
rà, ________ che la_mor c'as_si_ste en,
Rhytme de 4 mes:
Rhytme de 3 mes:
mesure supposée.
cad: interr:
mesure sup
che l'a_mor c'as_si_ste_rà, c'as___si___ste___rà, c'as_
le même.
le même.
le même.
mesure sup:
cad: interr:
mesure sup:
cad: interr:
cad: parf: prolongée.
_si_ste_rà, c'as_si_ste_rà, c'as_si_ste_rà, c'assiste_rà, c'assiste_rà.
SACCHINI. I.re Partie.
Rhytme de 7 mesures, ou bien de 8 avec une mesure supposée.
G+
Maestoso.
½ cad:
Du mal_heur au_gus_te vic_time mettez un terme à vos re_grets,
Rhytme de 4 mes:
cad: parf:
mesure ajoutée.
Rhytme
mettez un terme à vos re_grets. quand le
de 3 mes:
le même.
½ cad:
½ cad:
cœur est exempt de crime du sort on doit bra_ver les traits, que votre
Rhytme de 6 mes:
½ cad: prolongée par l'orchestre
â_me en paix s'aban_donne aux soins que nous prendrons de vous;
Rhytme de 4 mes:
mesure suppo:
cad:
pour vous ser_vir nous aurons tous le zèle et le cœur d'anti_gone;

40
Rhytme de 4 mesures.
Rhytme ... de
mesure supposée
½ cad:
aux soins que nous prendrons de vous
que votre â ... me en
6 mesures.
Rhytme de 5 mesures, ou bien de 4 avec le retard
cad: interr:
paix s'aban . don . ne, que votre â . . me en paix s'aban . don .
de la cadence.
Rhytme de 4 mes:
2. autre
mesure supp.
cad: parf:
ne.
mettez un
Rhytme de 4 mes:
le même
cad: parf:
terme à vos re . grets; du malheur auguste vic . time, quand le cœur est exempt de
conduit.
Rhytme
½ cad: prolongée par l'orches: mesu: ajoutée.
crime, du sort on doit braver les traits.
que vo
de 7 mesures, ou bien de 8 avec une mesure supposée.
½ cad:
. tre âme en paix s'aban . donne aux soins que nous prendrons de vous; pour vous ser .
Rhytme de 4 mes:
½ cad: prolongée.
mesu: ajoutée.
. vir nous aurons tous le zèle et le cœur d'Anti . gone, le cœur d'Anti . gone.
Rhytme de 11 mesures, ou bien de 12 avec
aux soins que nous prendrons de vous; que vo - - - tre â - - - -
une mesure supposée.
Rhytme de 4 mes:
ritournel:
cad: interr:
cad: parf:
. me en paix s'aban . don . ne, que votre â . me en paix s'a . ban . don . ne

Rhytme de 4 mesures.
H⁴ Adagio. ½ cad:
Rhytme de 4 mes:
J⁴ Adagio. ½ cad:
Rhytme de ~ mes:
K⁴ Allegro moderato. ½ cad:
Rhytme de 6 mes:
L⁴ Adagio.
cad: interr:
Rhytme de 4 mes:
M⁴ mesure ajoutée.
Rhytme de 4 mes: autre rhytme
mesure ajoutée. &
½ cadences fortes sur la dominante de La.
N⁴ ou ou ou &
Rhytme de 5 mesures au moyen d'une répétition de la 2.ᵈᵉ mesure.
O⁴ Andante. répétition de la mesure précédente par d'autres notes. ½ cad:

Rhytme de 4 mesures.
p
cad.
1.re Partie.
ZINGARELLI
a. Rhytme de 4 mesures.
Andante. ritournelle.
cad.parf:
b.Rhytme de 8 mes:
Ombra ado.rata as..petta te..co sa.ro in.di..vi..so,
nel fortunato E..li..so a.vrà contenti il cor.
cad:
de 12 mes:
ombra a.do.ra..ta as..pet..ta te..co sarò in..di..
..vi..so, nel fortunato E.li.so avrà con.ten..ti a.
vrà contenti il cor ___ a.vrà contenti il cor.
cad.parf: ritournelle
2.le Partie.
d. Rhytme de 4 mes:
la fra i fe.de.li a.manti ci ap.pres.ta a..mor di...letti, god.

e. même rhytme.
remo i dolci is _ tan _ ti la frà i fe _ de _ li a _ _ manti god _
f. Rhytme de 13 mes:
_ remo i dolci is _ _ tanti di più innocenti af _ _ fetti, et
l'eco a noi din _ tor _ no ri _ suo _ ne _ rà d'a
_ mo _ re ri _ suo _ _ _ _ _ _ _ _ ne _
g. Rhytme de 12 mes:
mesure supposée cad: parf: ombra a _ do _ ra _ ta as _ petta
_ rà ri _ suo _ ne _ rà d'a _ mor.
te _ co sarò in _ di _ viso, nel fortunato E _ li _ so avrai con _ ten _ ti a _
h. Rhytme de
vrai con _ tenti il cor, _ a _ vrai con _ ten _ ti il cor, _ a _ vrai con _ tenti il
2 mes: i. le même. k. le même. Ritournelle finale.
cad: interr: cad: interr: cad: parf:
cor, a _ _ vrai contenti il cor, a _ _ vrai contenti il cor.

(∗) Ici, la cadence devrait être interrompue (soit par l'harmonie, soit par la mélodie,) et non parfaite, ce que Piccini n'a point fait; elle devrait être par exemple:

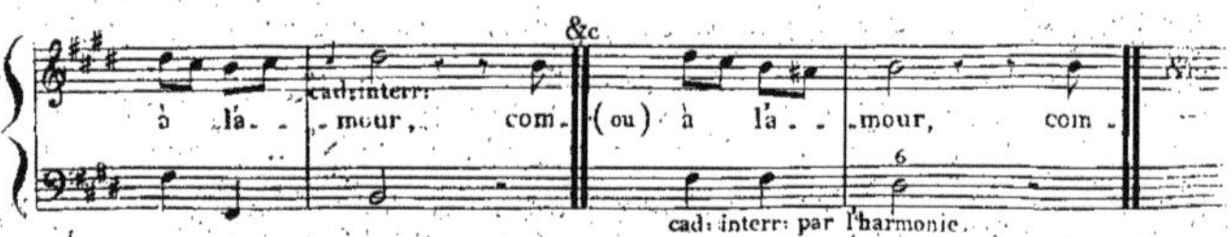

cette cadence parfaite dans cet air fait qu'on croit que les 5 mesures qui la suivent doivent appartenir à une toute autre période, tandis qu'elles appartiennent nécessairement à la période précédente; ces 5 mesures paraissent après cette cadence parfaite tout-a-fait superflues; parce que la 1re partie de cet air serait parfaitement bien terminée avec cette cadence. On ne peut jamais alonger une période après une cadence parfaite mélodique et harmonique.

ce à l'a _ mour.
j'ai beau le
2.e partie.
h. Rhytme de 6 mesures.
voir je crois à peine ce que vé_nus a fait pour moi ce que vé_nus a fait pour
i. le même.
moi, aux malheurs causés par Hé_lène, il est donc vrai que je vous dois il est donc
k. Rhytme de 3 mes:
vrai que je vous dois. ah! que je fus bien ins-pi _ ré_e, que je
l. Rhytme de 2 mes:
m. Rhytme de 3 mes:
fus bien ins-pi _ rée quand je vous re _ çus dans ma cour
n. Rhytme de 4 mes:
o. Rhytme
quand je vous re _ çus dans ma cour. ô digne fils de cy _ the _
de 5 mes:
p. Rhytme
_ ré _ e combien je rends grace à l'a _ _ mour. ô _ di _ gne
de 6 mes:
cad: interr: par l'harmonie.
fils de cythe _ ré _ e combien je rends gra _ ce à l'a _ _ mour, com.
q. Rhytme de 5 mes:
_ bien je rends gra _ _ _ _ _ _ _ _ ce à l'a _ mour.

Fin du rhytme précédent.
Commencement du rhytme suivant.
S⁺
mour, combien je rends gra
T⁺
Rhytme de 4 mes:
ô digne fils de Cy-the-rée combien je rends grace à l'a-mour.
½ cad:
U⁺
Rhytme de 4 mes:
com-bien je rends gra ce à la-mour.
V⁺
Rhytme de 6 mesures, divisible en 3 parties égales.
com-bien je rends gra ce à l'amour.
X⁺
Rhytme de 5 mes:
com-bien je rends gra ce à la-mour.
(N°1.)
Rhytme de 4 mes:
le même.
½ cad:
cad: parf:
6 6 6.6 6 5 8 6 6 4 7
(N°2.)
Rhytme de 5 mes: au moyen de l'écho.
écho.
le même.
écho.
cad: parf:
6 6 6.6 8 6 6 4 7

(N.º 3.) Rhytme de 5 mesures par le retard de la cadence.
le même.
retard.
½ cad:
cad: parf:
(N.º 4) Rhytme de 5. mesures en ajoutant une mesure de ritournelle à la fin du rhytme.
½ cad:
le même.
cad: parf:
&c:
(N.º 5.) Rhytme de 5 mesures en imitant la 1.re mesure de la mélodie par l'accompagnement.
le même.
½ cad:
cad: parf:
(N.º 6.) Rhytme de 5 mesures en répétant une mesure de la mélodie par d'autres notes.
le même.
½ cad:
cad: parf:

DUO.

MOZART.
Rhytme de 4 mesures.
Andante. ritournelle.
cad: parf:
Annio.
Ah per donna al primo af _ fet to questo ac _ cen _ to scon _ si _ gliato, colpa
cad:
fu del labro u _ _ sa _ to, a co _ _ si chia _ marti o _ _ gnor, a co _
cad: interr:
Servillia.
_ si chia _ marti o _ _ gnor. Ah tu fosti il primo og _ _ get _ to che fi _
cad: parf:
_ nor fe _ del a _ _ mai e tu l'ul _ ti _ mo sa _ rai ch'abbia nido in questo
cad:
Annio.
cor, ch'abbia nido in questo cor. carri ac _
cad: interr: cad: parf:
Servillia.
_ centi; del mio bene. Ah mia dol _ ce ca _ ra speme
cad:
1.2.
cad: parf: prolongée.
Più che as _ colto i sen _ si tuoi in me cresce più l'ar _ dor, più che as
_ col _ to i sensi tuo _ i in me cresce più l'ar _ dor, quando un alma e al l'altra u _

aj..ta quel pia..cer un cor ri..sento! ah si tronchi dal..la vita tutto
quel che non ea..mor, ah si tronchi dalla vita tutto
tutto quel tutto quel che non ea..mor,
che non ea..mor,
(Nº1.) le même.
(Nº2.) le même.
le même.
(Nº3.) le même.

Mélodie simple.

Même mélodie brodée ou
variée par le chanteur.

Variée pour la 2de fois
en prenant le motif Da-
capo après la 2e Période.

(N.º 1.) Air de Cimarosa.
« Ah! serena il mesto ciglio. »
Largo.
1.re et 3.me Période.

(*) Comme cette 2de. Période n'est point répétée, elle ne peut être qu'une fois variée.

(N.º 2.) AIR DE GIORDANELLO.

« Partirò dal caro bene »

cad: parf:
cad: parf:
½ cad:
½ cad:
½ cad:
½ cad:
½ cad: forte sur la dominante.
Dacapo
conduit qui ramène au motif.
½ cad:
Fin de la 3me Période ou du Dacapo.
½ cad:
cad: parf:
cad: parf:

(N°3) DE LAMPARELLI.
« Se costante ognor t'amai. »
Largo.
Original:
Variation du Motif.
Variation du Dacapo.
cad:
cad:
cad:
cad:part:
cad:part:
cad:part:

2.e Période.

(*) Le chanteur avait un diapason parfait de [♩] jusqu'à [♩]

(:) Quoique cet Allegro commence en levant, le chanteur n'en prenait le mouvement que dans la mesure suivante en continuant jusque là son Point d'orgue, ce qui faisait un effet admirable.

Thême, ou Motif.

(N.° 20.)
(N.° 21.)
membre.
dessin.
1re répétition du même dessin en montant.
2de répet:
3me répet:
4me répet:
(N.° 22.)
dessin.
1re répet: du même des:
2de répet:
(N.° 23.)
dessin.
1re répet:
2de répet:
(N.° 24.)
1er membre.
2e membre.
dessin.
même des: répé: une fois.
2de fois.
(N.° 25.)
Thême.
&c.
(N.° 26.)
conduit en montant.
conduit en descendant.
Thême.
&c.
(N.° 27.)
dessin.
2
3
4
(N.° 28.)
dessin.
2
3
4
5
6
(N.° 29.)
1
2
3
4
5
(N.° 30.)
1
2
3
4
5
(N.° 31.)
(N.° 32.)
(N.° 33.)
(N.° 34.)
(N.° 35.)
(N.° 36.)

Période.
1re Phrase mélodique,
composée de trois petits sens
2de Phrase mélodique,
composée de trois petits sens
(N.º 1.)
1er membre, 1er rhytme.
2e membre, 2e rhytme.
Allegretto.
de cad.
de cad.
cad.
de cad.
cad. parf.
(N.º 2.)
(N.º 3.)
Période de deux phrases,
composée seulement de trois notes différentes.
en La mineur.
1re phrase, rhytme de 4 mesures.
2e phrase, même rhytme.
Moderato.
cad.
cad.
le Ré ici compte petite note
compte pas, c'est le gout qui
joue.
(N.º 1.)
(N.º 2.)
En Ut majeur.
ou en Ut mineur.
En Ut majeur.
ou en Ut mineur.
Autre Période de trois notes.
en Ut majeur.
(N.º 1.)
1re phrase, rhytme de 4 mesures.
2e phrase, même rhytme.
Moderato.
cad.
cad. parf.
(N.º 2.)
en Sol majeur, ou en Sol mineur en changeant le Si en Si ♭.
ou
ou
ou
ou
ou
En Sol majeur, ou en Sol mineur
en changeant le Si en Si ♭.
Période de quatre notes.
(N.º 1.)
1re phrase.
2e phrase.
Allegretto.
cad.
cad. parf.
(N.º 2.)
le Trochée.
l'Iambe.
le Dactyle.
l'Amphibrache.
l'Anapeste.

Table

des pieds mélodiques, simples et variés, dans les mesures les plus usitées.

(Nº 1.) Le Trochée (– ⏑) ou long et bref.

(Nº 2.) l'Jambe (⏑ –) ou bref et long.

(Nº 3.) Le Dactyle (– ⏑ ⏑) ou long et deux brefs.

50
varié.
&c: &c: &c: &c:
&c: &c: &c: &c:
&c: &c: &c:
&c: &c:
(N.4.) l'Amphibrache (v-v) ou bref long et bref.
simple.
varié.
&c:
&c: &c: &c: &c: &c:
&c: &c: &c:
&c: &c: &c: &c:
&c: &c:

(N°4) l'Anapeste (◡ ◡ —) ou deux brèves et une longue.

2
(N°4) sur le rhytme de 4 mes:
Andantino.
½ cad:
½ cad:
½ cad:
¼ de cad:
½ cad:
cad:parf:
(N°5.)
(N°6.)
(N°7.)
(N°8.)
Période, où le rhytme de 3 mesures est seul employé.
(N°1.)
cad:parf:
Tempo di' Minuetto
½ cad:
½ cad:
½ cad: quoique sur la to-
nique parce que la forme
de la cad:parf: n'y est pas.
Période composée des rhytmes de 2 mes:
(N°2)
Lento,
½ cad:
½ cad:
½ cad:
cad:parf:
(N°3) Mélodie sur le rhytme de 5 mes:
Allegretto.
½ cad:
¼ de cad:
½ cad:
½ cad:
½ cad:
cad:paff:

GRÉTRY. Période sur le rhytme de 4 mes:
(N.4.)
½ cad:
½ cad:
cad:parf:
(N.5.) Période sur le rhytme de 6 mes:
Andante.
½ cad:
½ cad:
cad:parf:
HAYDN. Période sur le rhytme de 8 mes:
(N.6.)
Allegro.
cad:parf:
¼ de cad:
cad:parf:
Tempo di minuetto.
(N.7.)
1 2 3 4 5 6 7 8 9 10 11 12
Thême ou Motif.
1.re fois.
2.e fois.
(N.1.) Période faite avec le 1.er et le 2.d dessin du motif précédent.
K.5
(N.2.) Période faite avec le 4.me et le 5.me dessin du même motif.

Période faite avec le 5.me et le 10.me dessin du même motif
(N.° 3.)
Période faite avec le 3.me et le 10.me dessin du même motif.
(N.° 4.)
Période faite avec le 6.me dessin du même motif.
(N.° 5.)
Période faite avec le 8.me et le 9.me dessin du même motif.
(N.° 6.)
Période faite avec le 13.me petit dessin du même motif.
(N.° 7.)
Période faite avec le 7.er petit dessin du même motif.
(N.° 8.)
Période faite avec le 12.me dessin du même motif.
(N.° 9.)
Période faite avec le 11.me dessin du même motif.
(N.° 10.)

Thème avec les 10 périodes qui en dérivent,
le tout formant un morceau complet.
Chant..
Accomp!
Tempo di minuetto.
2d. fois.

A tu dans la coupe libre.

18
(N.º 2) Mélodie d'une seule période.
Phrase A.
Phrase B.
½ cad:
½ cad:
supprimez de cette période les phrases A et
B et vous aurez la période suivante.
cad: parf:
(N.º 3.)
(N.º 1.) Mélodie de 2 périodes.
Andante.
cad. parf:
ou ¾ de cad:
cad: parf:
(N.º 2.) Même mélodie, mais en une seule période.
½ cad:
(N.º 1.) Motif.
Andante.
(N.º 2.) 1.ʳᵉ variation du motif précédent.
(N.º 3.) 2.ᵈᵉ var:

(N°4) 3me Var:
(N°5) 4me Var:
(N°6) 5me Var:
(N°7) 6me Var:
(N°8) 7me Var:
(N°9) 8me Var:
(N°10) 9me Var:

(N.º 11.) 10.ᵉ Var:
(N.º 12.) 11.ᵉ Var:
(N.º 13.) 12.ᵉ Var:
(N.º 14.) 1.ʳᵉˢ Petites notes simples.   2.ᵃˢ Petites notes doubles.
3.ᵉˢ Petites notes triples.   4.ᵗᵒ Petites notes quadruples.
5.ᵗᵒ Petites notes quintuples.
(N.º 15.) 1.ʳᵉˢ Petites notes en valeur non déterminée.   2.ᵈᵒ En valeur déterminée. (N.º 16.)   (N.º 17.)

(N°18.) Point d'orgue sur la dominante d'ut.
(N°19.) Notes simples de la mélodie.
Les mêmes, variées par d'autres notes passagères.
Basse qui sert d'accompagnement au Thême précédent et à ses 12 variations.
Q.⁵ Andante.
(N°1.) octave. sixte mineure. Quinte parfaite. Tierce mineure. sixte majeure. Tierce majeure. Unissons.
(N°2.)
(N°3.) Fausse quinte. Quarte augmentée. septième mineure. septième diminuée.
Mélodie dialoguée.
(N°I) Rhytme de 4 mesures. le même.
R.⁵
1re Phrase commençante. ½ cad: 1re Phrase répondante. ½ cad:
Rhytme de 4 mes: le même. cad: parf:
2me Phrase com: ½ cad: 2me Phrase rep: fin de la 1re période.
Rhytme de 3 mes: le même.
3me Phrase com: ½ cad: 3me Phrase rep: ½ cad:
Rhytme de 4 mes: le même. cad: parf:
4me Phrase com: ½ cad: 4me Phrase rep: fin de la 2e période.

Mélodie dialoguée.

Le rhytme étant de 4 mesures.

(N.° 4.) 1.re Phrase commençante. 1.re Phrase répondante.

On peut envisager ici ces petites phrases comme des rhytme de 2 mesu: parce qu'elles
sont accompagnées d'une pause assez forte (de 3 noires) quoique le véritable rhytme de
cette mélodie soit de 8 mesu: comme on peut le voirdaus (T.)

Même mélodie, mais pour une seule voix.
Rhytme de 8 mesures.
T⁵
½ cad:
le même
cad:parf:
(N°1.)
Rhytme de 4 mes:
Allegro moderato.
½ cad:
Rhytme de 8 mes:
cad:parf:
½ cad:
1ᵉʳ Rhytme.
de 3 mes:
2ᵈ Rhytme.
de 4 mes:
de 3 mes:
de 4 mes:
ou le compagnon du 1ᵉʳ rhytme.
ou le compagnon du 2ᵈ rhytme.
(N°3.)
Rhytme de 7 mes:
son compagnon.
HAENDEL. Phrase
de 3 mesur:
de 4 mes:
de 3 mes:
de 4 mes:
(N°1.)
(N°2.)
en Ut.
½ cad:faible.
ou

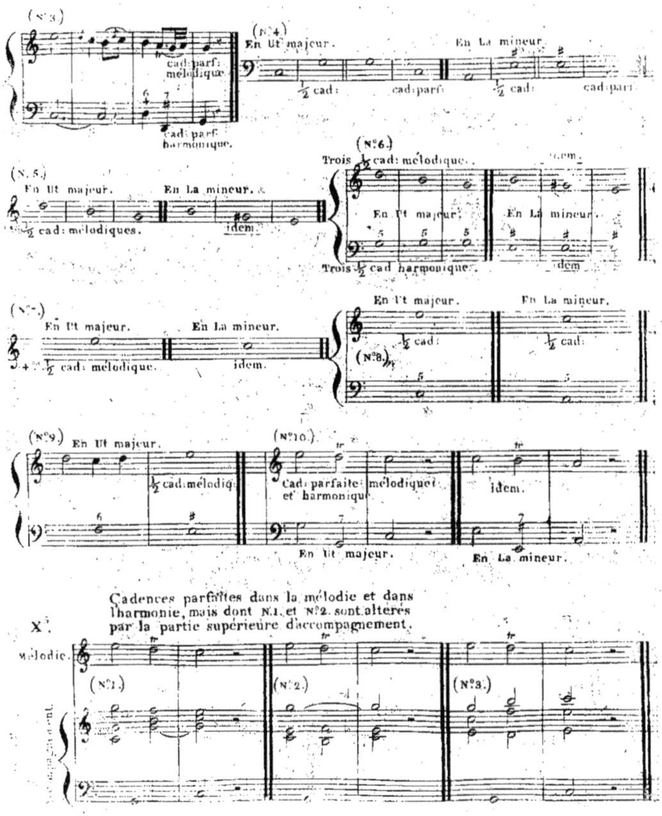
5
(N° 3.)
cad: parf: mélodique.
cad: parf: harmonique.
(N° 4.)
En Ut majeur.
En La mineur.
½ cad:
cad: parf:
½ cad:
cad: parf:
(N. 5.)
En Ut majeur.
En La mineur. &
½ cad: mélodiques.
idem.
(N° 6.)
Trois ½ cad: mélodiques.
idem.
En Ut majeur.
En La mineur.
Trois ½ cad: harmonique.
idem.
(N° 7.)
En Ut majeur.
En La mineur.
½ cad: mélodique.
idem.
En Ut majeur.
En La mineur.
½ cad:
½ cad:
(N° 8.)
(N° 9.)
En Ut majeur.
½ cad: mélodiq:
(N° 10.)
Cad: parfaite mélodique et harmonique.
idem.
En Ut majeur.
En La mineur.
Cadences parfaites dans la mélodie et dans
l'harmonie, mais dont N.1 et N°2. sont altérés
par la partie supérieure d'accompagnement.
X.
Mélodie.
(N° 1.)
(N° 2.)
(N° 3.)

Fin d'une Période mélodique.
ritournelle.
Cadences mélodiques interrompues, accompagnées par l'harmonie.
(N°1.) (N°2.) (N°3.) (N°4.) (N°5.) (N°6.)
(N°7.) (N°8.) (N°9.) (N°10.) (N°11.) (N°12.)
Cadences parfaites mélodiques, interrompues par l'harmonie.
(N°1.) (N°2.) (N°3.) (N°4.) (N°5.) (N°6.)
(N°1.) (N°2.)
½ cad: ½ cad:
Pédale sur la tonique. Pédale sur la dominante.

C.6
½ cad: mélodique
rompue par la pédale.
6
4
Pédale fausse et mauvaise par rapport à la ½ cad: mélodique.
(N.° 1.)
D.
cad: parf: prolongée
Pédale sur la tonique.
(N.° 2.)
Rhytme de 4 mesures
Andante.
E.6
Andante.
Mélodie.
1re manière
de l'accompag:
cad: parf:
2e manière.
cad: interromp:
3e manière.
repos harmonique
faible, ou ½ cad:
4e manière.
cad: interromp:
5e manière.
repos harmonique
faible, ou ½ cad:
6e manière.
repos harmonique
faible, ou ½ cad:

(N.º 1)
F.
Modera...
½ cad:
½ cad:
½ cad: harmon:
(N.º 2)
(1) (2) (3) (4) (5) (6)
(N.º 3.)
(N.º 1.) En Sol majeur.
Andante.
cad: parf:
cad parf
(N.º 2.) En Mi mineur.
½ cad:
½ cad.

Mélodie. Seize manières différentes d'accompagner le même chant.
Andante.
H⁶
En Sol.
(1)
En Sol.
(2)
En Sol.
(3)
En Ré.
(4)
En Ré.
(5)
En Ré.
(6)
En Si mineur.
(7)
En Si mineur.
(8)
En Si mineur.
(9)
En Si mineur.
(10)
En Ré mineur.
(11)
En Ré mineur.
(12)
En Ré mineur.
(13)
En Ré mineur.
(14)
En Ré mineur.
(15)
En Ré mineur.
(16)
En Ré mineur.

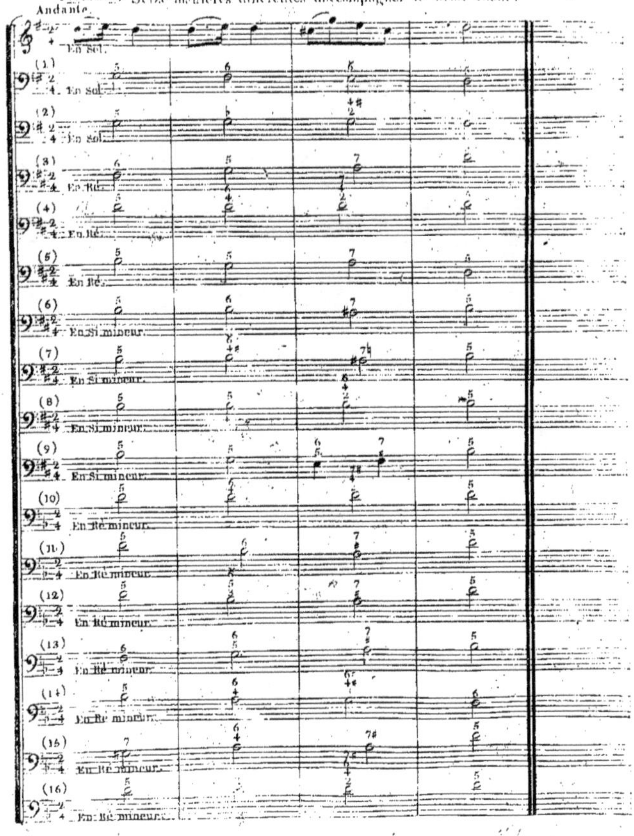

78
(N.º 1.)
Adagio.
Jᵇ.
Modulation passagère Modulation passagère
en La mineur. en Ré mineur.
(N.º 2)
Modulation passagère en Ré
min. indiquée par la mélodie.
Coda d'un grand air.
Kᵇ.
Allegro.
Mélodie.
Lᵇ.
Allegro.
Harmonie.
(N.º 1.)
Mᵇ.
(N.º 2.) Avec plus de mouvement dans l'accompagnement

(N.° 8.) Avec plus de mouvement encore.
(N.° 1.)
(N.° 2.)
(N.° 3.)
(N.° 4.) Gamme majeure d'Ut.   Gamme mineure de La.
majeur   mineur.   min'.   maj'.   maj'.   min'.   min'.   diminuée.   maj'.   min'.   ou min'.   maj'.
(N.° 5.) En Ut majeur.   En La mineur.
(N.° 6.) En Ut majeur.   En La mineur.
Accord de la   neuvième majeure de Sol, dans   Accord de la   Accord de la septième di-
neuvième majeure de Sol, dans   sixte augmentée.   minuée, qu'on ne devrait
lequel on suprime le Sol   employer que pour des
et place le La dans la par-   phrases chantantes en ut
tie supérieure.   mineur.

Différentes positions de l'accord de septième dominante sans renversement.

(1) (2) (3) (4) (5) (6) (7) (8) (9) (10) (11) (12) &c.

Différentes modifications de l'accord de septième dominante
par la valeur des notes.

(1) (2) (3) (4) (5)

(6) (7) (8) (9) (10)

(11) (12) (13) (14) (15)

(16) (17) (18) (19) (20) &c.

(N° I.) En Ut majeur.

Andante.

série nécessaire.

Accord d'ut préparatoire et indispensable.

(N.º 2.) En La mineur.

(N.º 3.) En La mineur.

(N.º 4.) En Ut majeur.   En La mineur.

(N.º 5.) Mélodie.

Emploi de l'accord de la septième majeure, marqué par le signe +.

74
1.re Période harmonique.
Andante.
Rhytme de 4 m:
1/2 cad:
le même.
3.e de cad:
R6.
2.de Période harmonique.
Rhytme de 4 m:
1/2 cad:
le même.
cad: parf:
Mélodie faite sur l'harmonie précédente.
Cantabile.
1/2 cad:
S6.
2/4 de cad:
1/2 cad:
cad: parf:
Suite régulière de sons, sans un sens positif, c'est-à-dire sans mélodie.
(N.o 1)
T6.
Suite régulière d'accords, ou harmonie sans sens déterminés,
et par conséquent comparable avec le N.o 1
(N.o 2)

Suite d'accords, ou harmonie avec des sens plus positifs.
(qu'on peut appeller idées harmoniques) provenant du rhytme.

Harmonie, avec des sens positifs, qui sont rendus par des
traits de chant, ou des dessins mélodiques.

FIN.